CB140893

STRAY KIDS

Here to Stay

KATY SPRINKEL

STRAY

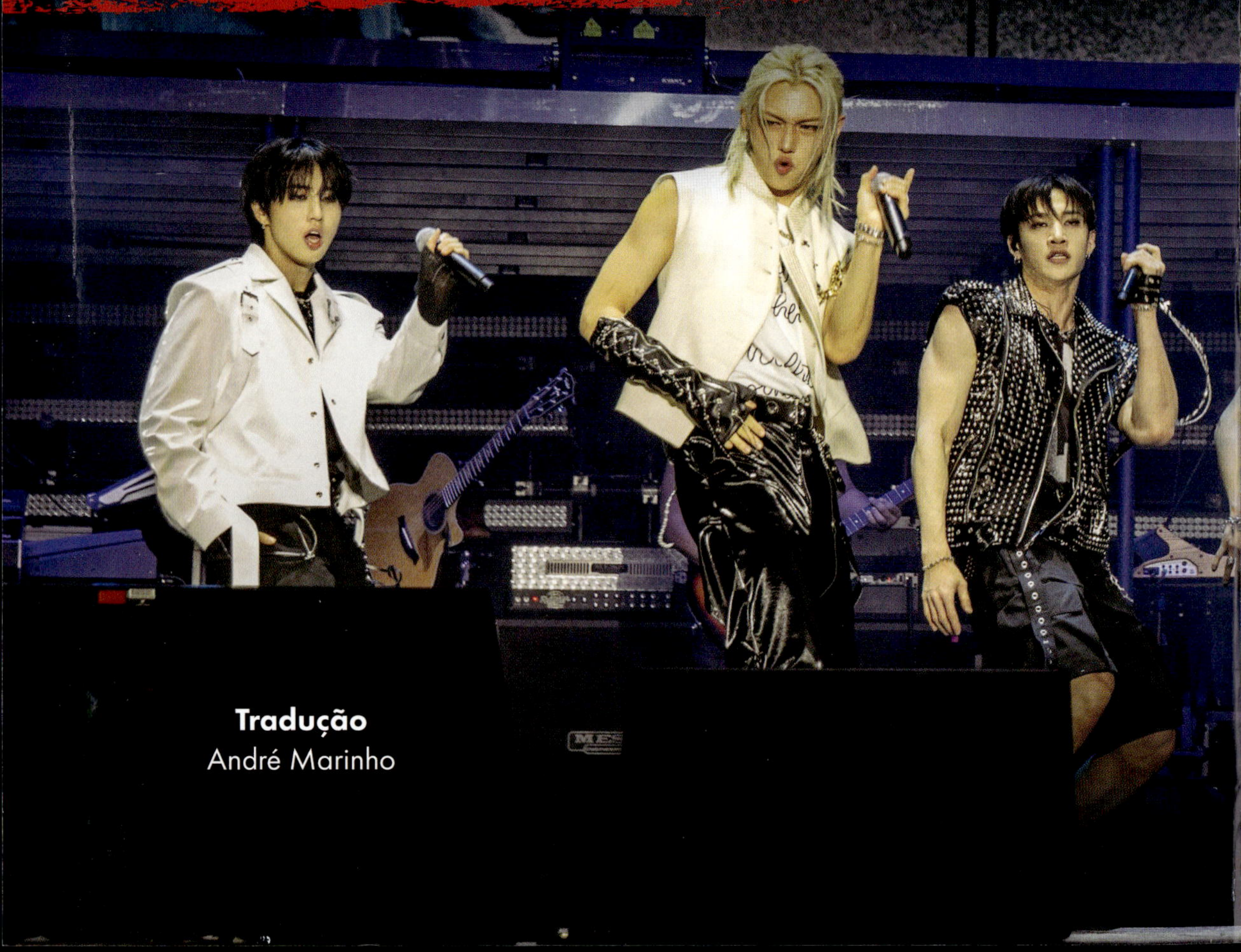

Tradução
André Marinho

Edìouro

KIDS

Here to Stay

Eles vieram pra ficar e estão dominando o mundo

Título original: *Stray Kids: Here to Stay*
Copyright © 2024 by Katy Sprinkel

Direitos de edição da obra em língua portuguesa no Brasil adquiridos pela Ediouro Gráfica e Editora Participações S.A. Todos os direitos reservados. Nenhuma parte desta obra pode ser apropriada e estocada em sistema de banco de dados ou processo similar, em qualquer forma ou meio, seja eletrônico, de fotocópia, gravação etc., sem a permissão do detentor do copirraite.

Ediouro Gráfica e Editora Participações S.A.
Av. Rio Branco, 115 – Salas 1201 a 1205 – Centro – 20040-004
Rio de Janeiro – RJ – Brasil
Tel.: (21) 3882-8200

DIREÇÃO EDITORIAL: *Daniele Cajueiro*
EDITORAS RESPONSÁVEIS: *Ana Carla Sousa e Camilla Costa*
PRODUÇÃO EDITORIAL: *Adriana Torres, Mariana Lucena, Júlia Ribeiro, Allex Machado*
REVISÃO: *Fernanda Lutfi*
REVISÃO DE TRADUÇÃO: *Mariana Gonçalves*
CAPA, ADAPTAÇÃO DE PROJETO DE MIOLO E DIAGRAMAÇÃO: *Larissa Fernandez, Letícia Fernandez*

Este livro foi impresso em 2025, pela Coan, para a Ediouro Gráfica e Editora Participações S.A. O papel do miolo o Offset 90g/m².

A obra baseia-se em pesquisas encerradas pela autora em 2023 e foi publicada originalmente em 2024. Esta edição brasileira inclui atualizações pontuais até 15 de junho de 2025.

Este livro não é autorizado, aprovado ou endossado pelo Stray Kids, JYP Entertainment ou Republic Records. Não se trata de uma publicação oficial.

Dados Internacionais de Catalogação na Publicação (CIP)

S769s Sprinkel, Katy
Stray Kids: here to stay / Katy Sprinkel; traduzido por André Marinho. - Rio de Janeiro: Edipar, 2025.
116p.; 17 x 24 cm

Título original: *Stray Kids: Here to Stay*
ISBN: 978-65-98579-98-2

1. Música - K-pop. I. Marinho, André. II. Título.
CDD: 782.42
CDU: 784.66

André Felipe de Moraes Queiroz – Bibliotecário – CRB-4/2242

Conheça outros livros da editora:

Sumário

CAPÍTULO 1

GENTE NOVA NO ROLÊ

shopping
MEDIABOY
PARTNER
V POINT
AAA Organizing Committee
SINN PURETÉ
natural&organics
Culture Entertainment
STARNEWS
TAG-COFFEE STAN(D)

O Stray Kids é o novo fenômeno da música pop?

Tudo indica que sim; os números não mentem. O potente octeto da Coreia do Sul — que conta com Bang Chan, Lee Know, Changbin, Hyunjin, Han, Felix, Seungmin e I.N — já alcançou grande sucesso com diversos públicos nos Estados Unidos, onde os quatro últimos álbuns do grupo chegaram ao topo da lista Artist 100 da *Billboard*. Essa conquista foi impulsionada por uma *fanbase* fervorosa que nunca para de crescer, conhecida como STAY, que consolidou o Stray Kids como um nome poderoso no cenário da música mundial.

Lançado oficialmente em 2018, o Stray Kids (também conhecido como SKZ) é um grupo relativamente novo que vem construindo uma base sólida de fãs e admiradores ao redor do mundo por meio de engajamento, posicionamento estratégico e uma contínua produção musical. Trata-se de uma história de sucesso que lhes rendeu desde o início comparações a outros grandes grupos de K-pop que estão há mais tempo na indústria. Embora o entusiasmo pelo K-pop venha se consolidando nas últimas décadas, foi somente nos últimos anos que o gênero sul-coreano conquistou espaço de forma significativa no cenário musical dos Estados Unidos.

Eventuais comparações entre grupos de diferentes gerações são inevitáveis, porém a trajetória do Stray Kids não se equipara à de nenhum outro artista de K-pop. Mesmo sendo agenciado pela JYP, umas das três maiores e mais antigas gravadoras da Coreia do Sul, o Stray Kids teve que encontrar um nicho próprio, lutando contra as convenções tão típicas do aparato musical K-pop. Para começar, o líder Bang Chan participou da escolha dos demais membros do grupo e, desde a formação, são os próprios que compõem, arranjam e produzem suas músicas. Se apenas isso não soa muito impressionante, pondere que eles são os primeiros a fazer isso em toda a história da JYP.

O método singular de composição do Stray Kids se traduz nas canções, que contemplam uma grande variedade de gêneros, como eletrônico, trance, R&B, pop, hip-hop e industrial. É uma grande mistura, por vezes descrita como *noisy K-pop* ou "K-pop barulhento". O espaço que o grupo ocupa no mundo da música é livre de inibições e um reflexo da personalidade distinta de cada membro. A energia avassaladora em performances altamente técnicas tem emocionado multidões desde a primeira apresentação.

De qualquer forma, em 2023, um ano muito marcante para o grupo, números superlativos começaram a ser atingidos. O grupo alcançou cinco bilhões de streams no Spotify nesse ano (número que, em 2025, ultrapassa os 10 bilhões), e seu álbum *5-Star* se tornou a maior pré-venda da história do K-pop. De volta à Coreia do Sul, o líder Bang Chan se tornou o terceiro compositor mais creditado da história do K-pop com sua obra prodigiosa. O Stray Kids alcançou a marca de cinco

STRAY KIDS PARA NOVATOS

- O grupo debutou em 2018, após participação no reality show de sobrevivência Stray Kids, da JYP Entertainment.
- Em 2019, o membro Woojin deixou o grupo, que era composto originalmente por nove integrantes.
- A liderança do grupo fica a cargo de Bang Chan, que trabalhou com os colegas Changbin e Han sob o nome 3racha antes de escolher os integrantes que estariam na formação final.
- O Stray Kids consiste em três subgrupos: 3racha (Bang Chan, Changbin e Han), que produz e compõe a maioria das canções; DanceRacha (Lee Know, Hyunjin e Felix), com os principais dançarinos do grupo; e VocalRacha (Seungmin e I.N), com os cantores principais.
- Seus últimos quatro álbuns alcançaram o n.º1 na lista de discos mais vendidos da *Billboard*, ratificando-os como um dos grupos de K-pop de maior sucesso nos Estados Unidos de todos os tempos.
- A abreviação do nome do grupo é SKZ.
- A *fanbase* do grupo é conhecida como STAY (que, em português, significa "ficar") e o seu lema é *You make Stray Kids Stay*, ou "Você é quem faz o Stray Kids permanecer".

milhões em vendas e os ingressos para um encontro com fãs na gigante KSPO Dome, arena Olímpica em Seul, se esgotaram em *minutos*. Na turnê mundial de 2023, show após show iam se esgotando: eles tocaram no Lollapalooza Paris e no Global Citizen Festival, além de se apresentarem no VMA da MTV e no *Billboard* Music Awards, validando ainda mais suas credenciais internacionais.

Com o início de uma nova turnê mundial em 2024 e múltiplos projetos musicais em andamento, o Stray Kids está pronto para viver sua melhor fase. Com o olhar voltado para objetivos ainda maiores, logo vão atender ao chamado dos STAY para a "dominação mundial".

Você ainda não é um(a) STAY? Então continue a leitura para saber tudo o que precisa sobre o Stray Kids para se tornar um grande fã. Você vai saber mais sobre a formação do grupo; as músicas, as coreografias e os recursos visuais; a relação com o *fandom*; e inúmeros detalhes sobre cada um dos oito membros do SKZ. Antes, porém, uma rápida aula de história sobre o deslumbrante e maravilhoso mundo do K-pop.

CAPÍTULO 2

A ONDA COREANA

Olhando de fora, o K-pop pode parecer um conceito cuidadosamente construído, um conjunto de batidas frenéticas, refrões cativantes, coreografias superafiadas e um visual diversificado performado por cantores e artistas irresistivelmente atraentes. Mas não levá-lo a sério considerando esse gênero apenas como uma versão açucarada do pop seria um equívoco. O K-pop não é somente abrangente em estilos musicais e como espetáculo nos palcos — trata-se de um grande e seríssimo negócio.

Na verdade, é praticamente impossível subestimar o impacto do K-pop. Esta indústria multibilionária (isso mesmo, *bilionária*, com B) é um dos maiores produtos de exportação da Coreia do Sul, além de contribuir fortemente com a economia do país. Os números de fazer cair o queixo são muito impressionantes se levarmos em consideração que a Coreia do Sul ocupa o vigésimo nono lugar entre os maiores países do mundo no quesito população, mas é o sexto maior mercado em receita de gravações de músicas, de acordo com a Federação Internacional da Indústria Fonográfica.

O surpreendente é o fato de o K-pop ser um fenômeno bastante recente. Na década de 1980, o conservadorismo cultural na Coreia do Sul era consideravelmente severo. O padrão de cabelo curto para homens e moldes modestos no vestuário feminino era a norma. Além disso, o governo regulamentava a imprensa, de modo que toda a programação das rádios e das emissoras de TV estavam sob seu controle. O que restou na música foi

VOCÊ SABIA?

O coreano é um dos idiomas mais rapidamente difundidos do mundo. De acordo com o polo de ensino de línguas on-line Duolingo, o coreano é o sétimo idioma mais estudado e a segunda língua asiática mais popular (perdendo por muito pouco para o japonês). A Modern Language Association informou que o número de matrículas em cursos de coreano para o nível universitário mais que dobrou nos Estados Unidos nas últimas duas décadas.

"Talvez não exista sucesso mais improvável na cultura pop mundial hoje do que a onda *hallyu* sul-coreana."

— Wall Street Journal

uma mistura especialmente sem graça de pop convencional e inofensivo, junto da música coreana tradicional, chamada *trot* (uma abreviatura para foxtrote).

Quando a Coreia do Sul passou pelo processo de redemocratização em 1987, houve uma flexibilização das normas. Um dos formatos televisivos mais populares no país naquela época — e que continua até hoje — eram os programas de competição musical. Antecessores de versões ocidentais como *American Idol* e *The Voice*, os programas musicais coreanos semanais — como *Inkigayo*, *Show Champion* e *Music Bank* — eram nada além de verdadeiros eventos televisivos (e em um país onde há uma TV em 99% dos lares, isso era ainda maior). O público tinha (e ainda tem) um enorme interesse no resultado das competições.

Surge então o trio Seo Taiji and Boys. Eles se apresentaram no show de talentos semanal da rede MBC em 11 de abril de 1992. Com influência do estilo *new jack swing*, popularizado por artistas norte-americanos como Bell Biv DeVoe e Bobby Brown, a canção "Nan Arayo" foi algo totalmente inesperado. A banda não venceu a competição — inclusive amargaram o último lugar —, mas eles realizaram um feito muito mais duradouro: acenderam a faísca que deu início à explosão do K-pop. A apresentação deles teve um profundo impacto em músicos que sentiram a necessidade de expandir o som além da fórmula sóbria e previsível que era popular na Coreia do Sul na época. Por todos esses motivos, aquela performance de 1992 é considerada o pontapé inicial do K-pop como o conhecemos hoje.

Durante a crise financeira que varreu o continente asiático em 1997, a Coreia do Sul parecia estar à beira da falência. O então presidente Kim Dae-jung realizou uma manobra arriscada, investindo pesado na indústria de entretenimento sul-coreana e exportando o trabalho criativo interno para salvar o país do colapso. A jogada deu certo. A música coreana se popularizou na China tão logo começou a tocar nas rádios. Quando os programas coreanos chegaram à TV japonesa, os telespectadores não queriam parar de assistir. A obsessão do público estrangeiro com artistas coreanos teve um enorme efeito cascata, e assim o hábito de consumir cultura coreana foi tomando forma.

Isso traduziu-se no termo *hallyu* — a onda coreana —, que descreve a influência da cultura coreana nos consumidores. Esse fenômeno engloba não apenas música, mas também televisão, cinema, negócios, moda, beleza e até culinária (pode parecer estranho, mas não é incorreto afirmar que o crescimento da popularidade internacional do K-pop e da televisão coreana, marcada pelo K-drama, criou a oportunidade de as pessoas ao redor do mundo adquirirem celulares da marca Samsung e encontrarem kimchi nos mercados locais). O termo *hallyu* foi inicialmente cunhado por jornalistas chineses que procuravam descrever o efeito imenso que a cultura coreana teve na cultura pop chinesa. Em seguida, a palavra foi apropriada pelo governo sul-coreano como um distintivo de honra e uma ferramenta para promover tanto a indústria quanto o turismo.

Hoje, a onda *hallyu* está mais forte do que nunca, à medida que as importações coreanas ganham espaço ao redor do mundo.

"Ninguém pode parar o Stray Kids. Eles estão em uma trajetória ascendente e não dão sinais de que vão reduzir a velocidade."

— *Teen Vogue*

GRANDES MOMENTOS DA ONDA HALLYU

Edição Estados Unidos

1994: *All-American Girl*, criada e protagonizada pela comediante Margaret Cho, estreia na ABC. Foi a primeira série de TV em uma grande emissora a exibir uma família do Leste Asiático no núcleo principal.

2003: *Medo* é o primeiro filme de terror falado em coreano lançado nos cinemas dos Estados Unidos, dando início a uma onda K-horror. (*O mistério das duas irmãs*, uma refilmagem em língua inglesa, foi lançado em 2009.)

2007: Filho de imigrantes coreanos, o chef David Chang recebe seu primeiro prêmio James Beard, tornando-se um dos chefs mais influentes do país.

2009: A Samsung, empresa com sede em Seul, lança seu primeiro smartphone Galaxy em lojas norte-americanas.

2012: A KCON realiza sua primeira edição nos Estados Unidos, permitindo que os fãs tenham um encontro mais próximo e imediato com seus artistas de K-pop favoritos.

2012: "Gangnam Style", hit do cantor Psy, arrebata o país, tornando-se o vídeo mais assistido da história do YouTube. Este título perdurou por cinco anos.

2019: *Parasita*, de Bong Joon-Ho, vence o Oscar na categoria de Melhor Filme, tornando-se o segundo filme falado em língua estrangeira (depois de *O artista*, filme francês mudo de 2012) a receber o maior prêmio da noite em quase cem edições da cerimônia.

2020: O grupo BTS domina a *Billboard* Hot 100 com "Dynamite", primeira música de K-pop a estrear no topo da lista.

2021: O seriado coreano *Round 6* torna-se um sucesso estrondoso na Netflix.

2021: Youn Yuh-jung vence o Oscar de Melhor Atriz Coadjuvante por seu papel no filme *Minari*, tornando-se a primeira atriz coreana a levar a estatueta do prestigioso prêmio cinematográfico para casa.

2023: O álbum *Rock Star*, do Stray Kids, arrasa nas paradas da *Billboard*, fazendo com que o grupo alcance o primeiro lugar pela quarta vez no período de um ano e meio.

CAPÍTULO 3

A INDÚSTRIA DO K-POP

GIVENCHY

O trio Seo Taiji and Boys pode não ter sido aclamado de imediato por seu caráter inovador, mas ninguém pode dizer que não foram notados. A apresentação deles de "Nan Arayo", em 1992, dividiu as opiniões do público, que nunca havia testemunhado a mistura entre música coreana e norte-americana. Houve críticas contundentes em relação ao uso da batida do hip-hop (o que agora é um elemento fundamental do K-pop). Eles também cometeram pecados imperdoáveis como usar dreadlocks e ostentar jeans rasgados e desbotados.

Apesar das críticas, "Nan Arayo" acabou se tornando um enorme sucesso no país — reinou absoluta no primeiro lugar por dezessete semanas —, o que fez com que o trio se estabelecesse como um importante *idol group* nesse processo. Eles surfaram na onda do sucesso pelos quatro anos seguintes, experimentando uma grande gama de estilos musicais, do hip-hop e do rap, então muito populares nas rádios norte-americanas, às baladas doces e suaves do R&B, a partir de artistas norte-americanos como K-Ci & JoJo e Babyface.

Seo Taiji and Boys é considerada a primeira banda de K-pop pelo fato de eles terem literalmente implodido o sistema. Em termos gerais, os fãs na verdade não acham que o K-pop é um gênero musical, porque não possui um som identificável. Os grupos coreanos têm a característica de serem abertos à experimentação e à mudança de estilo, misturando diversas influências. Estamos falando da experiência completa: a música, as apresentações ao vivo, os videoclipes, os programas de variedade e os realities de competição, além da roupagem do produto musical. Antes do K-pop, os sucessos musicais eram manufaturados pelas grandes empresas de radiodifusão, que promoviam os próprios produtos. Esse grupo sozinho, no entanto, compôs, produziu e coreografou suas músicas. E, como foram bem-sucedidos, acabaram derrubando o status quo. Uma nova empresa de produção em estúdio havia nascido.

Quando o trio se desfez em 1996, um dos "Boys" — Yang Hyun-suk — entrou na briga, fundando a YG Entertainment (YG vem de seu apelido, Yang-gun). A YG é uma das chamadas "Big Three", ou as Três Grandes empresas de entretenimento na Coreia. Ao lado da SM Entertainment e da JYP Entertainment (fundanda pelo antigo *idol* Jin-young Park), ela domina o cenário musical no país. Juntas, as empresas produzem a maior fatia do K-pop, com um alcance gigantesco. (Nos últimos anos, a Big Hit vem crescendo exponencialmente, fazendo com que as Três Grandes se tornem as Quatro Grandes, o que se deve em grande parte ao seu maior artista, o BTS).

Pergunte a qualquer fã de K-pop e ele vai poder lhe contar sobre a marca registrada de cada selo. Os ouvintes são, geralmente, leais à gravadora que escolheram, muito semelhante aos torcedores que são fiéis às cores do seu time. A JYP, casa do Stray Kids, é conhecida pelo impecável programa de treinamento e pela diversidade no recrutamento, o que resulta na produção de alguns dos músicos mais talentosos do grupo. A SM é conhecida pelo foco na performance (visual perfeito, coreografia precisa e músicas dançantes e cativantes). E a YG, assim como seu fundador, produz artistas com tendência a romper barreiras musicais e com o olhar mais ousado em relação aos seus competidores. A Big Hit é reconhecida por produtos finais de alto nível, da composição ao visual.

Em vez de focar a preparação de um dado número de artistas visando ao sucesso a longo prazo, essas empresas produzem para o mundo uma infinidade de artistas, feito uma porta giratória para os *idols*. No sistema do K-pop, as métricas do sucesso são simplesmente diferentes, segundo as quais a vida útil de um grupo pode ser de apenas dois anos. Essa janela se deve a alguns fatores: primeiro, a ênfase na juventude. Como a imagem é um componente essencial para o aspecto visual do K-pop, muitos artistas rapidamente ultrapassam o limite do sistema. Para grupos de garotos, a coisa fica mais complicada por conta do serviço militar obrigatório na Coreia do Sul, que dura dois anos e o alistamento já pode se dar a partir dos dezoito anos de idade.

Os artistas começam cedo, já fazendo audições entre nove e dez anos. A fluência em uma língua estrangeira é apreciada pelos treinadores, e os falantes nativos de língua inglesa são um produto procurado. Assim que são recrutados por uma agência e assinam contratos de longo prazo, o treinamento formal começa. As crianças vão para a escola durante o dia — com um currículo que inclui uma carga pesada de línguas, em especial chinês, japonês e inglês. Depois, terminado o dia escolar, os alunos iniciam o treinamento musical — canto, dança e até treinamento para lidar com as mídias. Esse estilo de vida não é para corações fracos; um dia normal começa de manhã bem cedo e vai até oito ou nove da noite, antes de os alunos voltarem aos dormitórios para terminar as tarefas de casa.

"O K-pop tem o poder de unir as pessoas ao redor do mundo."
— Jungkook, do BTS

Os artistas passam anos em treinamento até enfim entrarem no mercado, estreando apenas depois de dominar sua performance em cada detalhe, do posicionamento das mãos às piscadinhas. Nada passa batido. Esse ritmo alucinante, porém, não termina após a estreia. Turnês extensas, divulgações exaustivas, fora os frequentes contratos de propagandas que exigem mais esforço publicitário. Segundo Tiffany Chan no portal Medium.com, "essas estrelas sul-coreanas representam muito mais do que apenas seu último álbum... Elas sustentam um ideal na sociedade coreana, com coreografias em perfeita sincronia, grande talento vocal e uma imagem excepcionalmente atraente".

As empresas de entretenimento musical também cuidam da criação e da disseminação dos *fan chants*, ou os coros da plateia, outra parte essencial das apresentações ao vivo. Os fãs seguem algo semelhante a um roteiro. Em vez de contracantos, essas apresentações são aperfeiçoadas por coros precisamente elaborados para o público. A maioria das músicas conta com essa espécie de acompanhamento, e a resposta do público como um jogral lembra quase uma coreografia ensaiada — espontânea, mas perfeitamente sincronizada. As comunidades de fãs on-line discutem e destrincham obsessivamente esses *fan chants*.

90%

Ser considerado um fenômeno mundial não é exagero. De acordo com especialistas na indústria musical e o site K-Pop Radar, quase 90% dos ouvintes de K-pop vivem fora da Coreia do Sul.

Além disso, há a música em si. É esperado que os grupos lancem canções rapidamente e com frequência. Diferente da indústria fonográfica norte-americana, os grupos anunciam os lançamentos poucas semanas antes, lançam um álbum ou um EP e então reiniciam o processo. Normalmente, um grupo de K-pop lança novas músicas durante todo o ano.

Essas músicas quase sempre são acompanhadas de um clipe e isso é parte essencial da fórmula do K-pop. Os vídeos são sempre produções luxuosas que mostram os já esperados olhares adoráveis (conhecidos em coreano como *aegyo*) dos integrantes, além de apresentar a habilidade dos grupos no palco.

A grande virada mundial da indústria musical na era da informação se deve, em grande parte, ao caso de sucesso do K-pop na modernidade, que é fortemente alimentada pela internet. Nenhum artista teve prova maior disso do que Psy, que viu seu divertido vídeo de "Gangnam Style" estabelecer recordes aparentemente insuperáveis no YouTube, atingindo um bilhão de visualizações em um tempo curtíssimo e tornando-se o vídeo mais assistido da plataforma com grande vantagem.

Seis anos depois, sendo esta sem dúvidas a principal plataforma para assistir a videoclipes, o vídeo de Psy ainda é um dos mais assistidos de todos os tempos.

Desde o surgimento do K-pop na década de 1990, já houve quatro gerações distintas que são bem reconhecidas entre os admiradores do gênero.

A primeira geração do K-pop representou um corte drástico com tudo o que os ouvintes já tinham escutado. Altamente política por natureza, a música versava sobre as pressões e expectativas sociais que os jovens enfrentavam na Coreia do Sul naquele momento. Embora não houvesse um estilo musical definido, os temas se afastavam do pop coreano açucarado de antes.

A segunda geração é considerada a era de ouro do K-pop, que deu início à onda coreana ao redor do mundo. Os artistas dessa geração trouxeram a ascensão do *idol* do K-pop e um sistema de treinamento organizado para desenvolver talentos. Suas marcas registradas são o visual produzido e a ênfase nos refrões cativantes.

A terceira geração do K-pop eleva o gênero a nível mundial. Representada pelos artistas que vêm dos programas de treinamento, a música produzida nesse período abarcou muitos estilos, mas deixou de lado temáticas mais superficiais, voltando-se a assuntos mais sérios como saúde mental e amor-próprio. As mídias sociais tiveram um papel central nesse período, conectando os fãs aos ídolos como nunca antes.

A covid-19 lançou uma sombra sobre a quarta geração, que teve que encontrar novas formas de se conectar com os fãs pelas mídias sociais, produzindo conteúdos e apresentações on-line. Além dos tradicionais grupos de garotos e garotas, esse período também foi marcado por muitos artistas buscando uma carreira solo depois do sucesso em grupo. Entre os que emergiram desse período, o Stray Kids teve sucesso em grande parte por se afastar das convenções tradicionais dos seus predecessores. Da origem singular à qualidade de sua produção vocal, o Stray Kids se destaca da multidão.

COMO FALAR K-POP

Aegyo

Este termo, que se pronuncia "egui-ô, se refere ao ato de agir de modo paquerador ou fofo. Deve-se especialmente ao comportamento sedutor dos *idols* no palco. O I.N, do Stray Kids, tem de sobra essa energia ao sorrir com os olhos.

ÁLBUM DE FAMÍLIA K-POP

PRIMEIRA GERAÇÃO (1992-2004)

SEO TAIJI AND BOYS

Esses caras foram verdadeiros revolucionários. Não apenas são reconhecidos como os pioneiros do K-pop, mas sua influência também ajudou a aliviar as rígidas leis de censura na Coreia do Sul, abrindo caminho para os artistas que viriam a seguir.

H.O.T.

O primeiro grupo de *idols* do K-pop, o H.O.T. (abreviação de High-Five of Teenagers), era composto por cinco membros e serviu de modelo de sucesso para os grupos de meninos que surgiram depois.

S.E.S.

Com o nome formado pelas iniciais de suas integrantes (Shoo, Eugene e Sea), elas foram consideradas o equivalente feminino do H.O.T. e o primeiro grupo feminino de sucesso no gênero.

RAIN

Após o fim de sua banda Fanclub, Rain seguiu carreira solo. Ele se tornou uma grande celebridade como cantor, compositor, produtor e ator em seu país natal, onde é conhecido como o Justin Timberlake da Ásia.

SEGUNDA GERAÇÃO (2005-2011)

SHINEE

Chamados de Príncipes do K-pop, esse grupo criador de tendências era conhecido por suas apresentações cheias de energia e pelas coreografias complexas e extremamente técnicas.

GIRL'S GENERATION

O grupo de nove garotas (que passou a ter oito integrantes após a saída de Jessica em 2014) fez história ao aparecer no *Late Show with David Letterman* em 2012, tornando-se o primeiro grupo de K-pop a participar em um programa de entrevistas noturno nos Estados Unidos.

SUPER JUNIOR

Esse grupo enorme — que já chegou a ter treze integrantes! — ajudou a estabelecer a norma das subunidades no K-pop (uma divisão em subgrupos dentro da banda que se especializam em aspectos distintos do processo criativo e de performance). Também foi o primeiro grupo a adentrar o mercado onde se fala mandarim, uma vez que contava com um integrante chinês.

BIGBANG

Eles se autodenominavam os Reis do K-pop e tinham como provar. Um dos mais bem-sucedidos de sua geração, o grupo — originalmente formado por cinco integrantes, incluindo Seungri, que mais tarde deixou a formação após envolvimento em um grande escândalo judicial — passou a atuar como um quarteto com G-Dragon, T.O.P, Taeyang e Daesung, sendo conhecido pela habilidade no rap e na composição. Mais recentemente, T.O.P também anunciou sua saída do grupo.

PSY

O "Gangnam Style" de Psy colocou o K-pop no mapa nos Estados Unidos. O videoclipe quebrou a internet, ultrapassando o limite de visualizações estabelecido pelos programadores do YouTube, alcançando a marca de mais de dois bilhões (este número hoje é maior que cinco bilhões).

TERCEIRA GERAÇÃO (2012-2017)

BTS

Entre os nomes que impulsionaram o K-pop para o cenário global, o BTS (Bangtan Sonyeondan) se destaca com uma trajetória repleta de conquistas recordistas e impacto cultural impressionante. O septeto formado por RM, Jin, Suga, J-Hope, Jimin, V e Jungkook é amplamente conhecido em todo o mundo.

BLACKPINK

Formado por Jennie, Rosé, Lisa e Jisoo, o Blackpink é o padrão ouro dos grupos femininos. Os fãs norte-americanos estão familiarizados com suas músicas, incluindo os hits "Boombayah" e "Ddu-du Ddu-du", esta que quebrou recorde no YouTube e se tornou o segundo vídeo de K-pop mais assistido de todos os tempos depois de "Gangnam Style", de Psy.

TWICE

Este grupo composto por nove garotas nasceu no reality de competição *Sixteen*. Elas venceram o *Billboard*'s Women in Music na categoria Artista Revelação em 2023 e estão preparadas para aumentar sua base de fãs (conhecida como *once*) exponencialmente.

RED VELVET

O som desse grupo de garotas explora um duplo conceito fascinante. As músicas "red" celebram o lado iluminado e divertido, com canções mais voltadas ao pop dançante, enquanto o lado "velvet" trata de temas mais sérios, frequentemente na forma de baladas. Até hoje, é um dos grupos mais bem-sucedidos nos Estados Unidos.

QUARTA GERAÇÃO (2018-2022)

ITZY

Conhecido pelas letras cativantes e pelo incrível talento para a dança, este quinteto é um dos líderes no cenário atual do K-pop.

TXT

Abreviação de *TOMORROW x TOGETHER* (Amanhã e Juntos, em tradução livre), este grupo de cinco integrantes é da mesma gravadora do BTS. Eles tocaram no Lollapalooza de Chicago em 2022 e 2023.

NEWJEANS

NewJeans se tornou o primeiro grupo de K-pop feminino a figurar na lista do *Billboard* Hot 100 com o sucesso "Super Shy", em agosto de 2023.

Stray Kids

Deixando sua marca nas paradas e no coração dos fãs, o Stray Kids está pronto para levar a quarta geração ainda mais longe.

CAPÍTULO 4

O NASCIMENTO DE UM IDOL

Com o modelo de sucesso do K-pop já tão bem estabelecido, parecia inevitável que um novo grande nome se encaixasse nos mesmos moldes. No entanto, subverter a chamada fórmula do gênero foi exatamente o que fez o Stray Kids se destacar.

Após criar o Twice, o grupo feminino sensação que foi formado no reality *Sixteen*, a JYP Entertainment apostou em uma segunda dose, porém desta vez com uma mudança. O programa *Stray Kids*, que foi ao ar em outubro de 2017, formaria um grupo masculino homônimo, cujos integrantes seriam responsáveis por compor, coreografar e executar as próprias músicas. Os membros trabalhariam juntos como um time e também em subgrupos, a fim de aprimorar suas habilidades enquanto *idol*. Em cada episódio, um integrante correria o risco de ser eliminado da competição, levando a uma série de desafios e avaliações de tirar o fôlego.

Para de fato apreciar o SKZ e suas conquistas, é importante assistir a esse programa. Ele destaca o que é realmente necessário para se tornar um *idol*: a rotina de treinamento cansativa e os horários de estudo rigorosos — não apenas para composição, canto e dança, mas também idiomas e habilidades intangíveis, como presença de palco. A série também destaca os vínculos interpessoais que são essenciais para criar ou desfazer um grupo, além da delicada combinação de personalidades e habilidades requeridas para fazer esse mecanismo complexo funcionar.

Todos os candidatos seriam *trainees* do sistema JYP, mas, naquele momento, o coCEO da empresa, J.Y. Park, queria tentar algo diferente. Reconhecendo um desejo por autenticidade e uma aptidão para o trabalho em equipe, Park entregou as rédeas a Bang Chan, um dos *trainees* mais antigos, para que ele escolhesse os integrantes do grupo, atuando como um líder conselheiro para os outros. Os primeiros a serem escolhidos por ele foram seus parceiros do 3RACHA, Changbin e Han, e depois seu compatriota australiano Felix, Lee Know, Seungmin, Hyunjin, o novato I.N e Woojin. Ao longo de dez episódios, os fãs puderam conhecer melhor os integrantes do grupo e a personalidade de cada um, e assim desenvolver afetos e escolher seu *bias*.

O empresário J.Y. Park era o jurado principal e avaliador de talentos, com opiniões sinceras sobre os pontos fortes e fracos dos candidatos. No fim de cada episódio, um deles tornava-se passível de eliminação, o que rendeu momentos de tensão no programa. Lee Know foi eliminado no quarto episódio, depois de ter confundido os versos da música durante a apresentação. Felix foi cortado no episódio oito por errar a coreografia e por sua grande dificuldade com o idioma coreano. Esses dois membros tiveram uma segunda chance no penúltimo episódio, mas com uma ressalva: o grupo iria se apresentar no episódio final com uma formação de sete e com outra de nove integrantes. O público que determinaria o grupo oficial, com ou sem os candidatos eliminados. No fim, os fãs preferiam a formação com nove integrantes e salvaram Lee Know e Felix das garras da eliminação, o que rendeu a seguinte declaração de Park: "Ainda vejo pontos a melhorar em vocês dois, mas, quando os nove se apresentam juntos, as expressões estão vivas. Parabéns, o Stray Kids vai debutar com nove integrantes."

Logo o grupo deu início aos trabalhos, lançando o videoclipe de "Hellevator" imediatamente após a transmissão do episódio, uma vez que já havia uma *fanbase* dedicada à espera. O som deles trazia uma novidade — algo com muita energia, experimental e por vezes considerado caótico. Desde o início, os SKZ despertaram opiniões polarizadas: ou você amava ou odiava — e estava tudo bem para eles.

VOCÊ SABIA?

A logo icônica do Stray Kids foi desenhada à mão por ninguém menos que o próprio **Bang Chan**.

Após aumentar o repertório com alguns lançamentos musicais, eles voltaram à TV para competir contra outros grupos de *idols* no programa *Kingdom: Legendary War*. As performances elaboradas dos SKZ lhes renderam o primeiro lugar na competição que durou uma semana, à frente de grupos mais famosos e estabelecidos como BTOB e iKON.

Comeback após *comeback*, a comunidade STAY foi aumentando em número. Mas não é apenas a música que faz com que os fãs voltem. Além de sua incrível produção musical, o grupo mantém um engajamento ativo e imediato com seus fãs. Diante da impossibilidade de se apresentarem durante a pandemia, eles agarram a oportunidade de se conectar com os STAY de uma maneira diferente: por meio de uma vasta produção de conteúdo digital. Essa é uma prática que permanece até os dias de hoje, e o tipo de conteúdo que o grupo oferece abrange de tudo — esquetes, desafios, entrevistas, bastidores dos projetos em andamento, apenas para citar alguns. Bang Chan fazia um vlog chamado *Chan's Room*. E também temos SKZ-PLAYER, SKZ CODE, SKZ-RECORD, TWO KIDS ROOM, THE 9TH, FINDING SKZ, SKZ-TALKER, SKZ GO, SKZ-PRACTICE ROOM, SPOT KIDS, HONEY-TIPS, CHOISKZ... A lista de episódios on-line só aumenta. Os SKZ também interagem por meio das mídias sociais em transmissões ao vivo, permitindo que sua *fanbase* tenha total acesso à vida deles enquanto um grupo de *idols*.

Não é demais afirmar o quão fundamentais são a personalidade e os talentos de cada integrante para a apresentação do grupo como um todo. Isso contrasta fortemente com muitos grupos de K-pop, para os quais a regra são sincronia e integrantes perfeitamente caracterizados com o mesmo figurino. A individualidade dos membros do SKZ transparece nas suas apresentações e aparições na mídia, sendo uma marca registrada da música deles. "Todos os oito temos gostos e preferências musicais diferentes, então cada um pode trazer uma camada nova para a música que estamos fazendo", disse Changbin para o portal Refinery29. "Isso faz com que nossa música se torne mais diversa e nos permite experimentar coisas novas."

De fato, a contribuição de cada integrante é essencial para a composição final do grupo. Então, sem mais delongas, vamos conhecer o Stray Kids!

NOVE SE TORNAM OITO

Em outubro de 2019, o vocalista Woojin deixou o grupo, alegando motivos pessoais. O anúncio pegou os fãs de surpresa, fazendo com que a hashtag #ThankYouWoojin se tornasse um trending topic no X, o antigo Twitter.

STRAY KIDS NA TV

Embora o reality show que deu origem ao grupo tenha sido o programa de televisão que o impulsionou para a fama, o Stray Kids teve diversos momentos incríveis na TV desde então. Aqui está uma lista obrigatória para assistir a dez participações que alegraram o coração dos STAY no mundo inteiro. Caso você tenha perdido alguma, pode encontrar cada uma dessas apresentações sensacionais no YouTube.

16 de janeiro de 2018, no M Countdown
Tocando "Hellevator", a música que iniciou tudo.

19 de dezembro de 2018, no MAMA Awards
Depois de vencer a categoria de escolha dos fãs para performar, o grupo se destacou com sua apresentação, entregando um *medley* impressionante e com batida acelerada de "My Pace", "Hellevator" e "District 9" no show da premiação.

14 de abril de 2019, no M Countdown
Os garotos conquistaram a primeira vitória em um programa de música apenas um ano depois do lançamento do grupo. Esta apresentação de "Miroh" é histórica.

18 de outubro de 2020, no Inkigayo
Os meninos elevaram o *aegyo* ao máximo no palco, ao performar "Back Door".

19 de maio de 2021, no Kingdom: Legendary War
O *mash-up* de "God's Menu" com "Ddu-du Ddu-du", do Blackpink, ajudou a consolidar a liderança no programa de competição musical. Eles ganhariam a coroa na rodada seguinte.

18 de março de 2022, no Late Show with Stephen Colbert
Os meninos fizeram sua estreia no *Colbert*, um *talk show* noturno nos Estados Unidos, tocando "Maniac" e criando a mania SKZ no país.

29 de novembro de 2022, no MAMA Awards
A estrutura impressionante — com direito a um show de pirotecnia, um laboratório e uma aranha gigante — tornou inesquecível esta apresentação que durou quase dez minutos e deixou o público sem fôlego. É a performance ao vivo da premiação mais assistida até hoje, com quase 19 milhões de visualizações.

12 de setembro de 2023, no MTV Video Music Awards 2023
Os vencedores do prêmio de Melhor Grupo de K-Pop daquela noite fizeram de "S-Class" algo mais próximo de uma aula magistral.

19 de novembro de 2023, no *Billboard* Music Awards 2023
O grupo fez uma apresentação 360° de "Lalalala" e "S-Class", levando para casa dois prêmios BBMA.

14 de dezembro de 2023, no Asia Artist Awards
Os garotos realizaram uma performance bastante longa, mantendo a energia no alto ao longo de quatro músicas diferentes — "Maniac", "Get Lit", "Topline" e "Lalalala" —, e sem perder o fôlego.

CAPÍTULO 5

CONHEÇA OS NTEGRÁNTES

BANG CHAN

Um autodenominado perfeccionista e com uma incomparável ética de trabalho, Bang Chan é líder e força motriz do Stray Kids. Ele desempenha o papel principal na direção musical, além de servir como suporte para os demais integrantes, ajudando-os a alcançar o seu melhor. Nessa função, Bang Chan é um excelente modelo para seus companheiros de grupo enquanto *hyung*,[1] sempre pronto para oferecer um abraço ou uma palavra de incentivo. O mais velho de três irmãos, ele nasceu na Coreia do Sul e cresceu em Sydney, na Austrália. Seu lado mais diligente foi cultivado desde muito cedo, com a dedicação aos estudos, à música e também ao esporte. Chan frequentou a Newtown High School of the Performing Arts — uma escola de artes conhecida por seus alunos famosos, incluindo Hugh Jackman — e, em 2010, foi aprovado nas audições para a JYP na Austrália, voltando a morar na Coreia do Sul para se tornar *trainee* do programa, no qual permaneceu por muitos anos. Nesse período, aguardou paciente nos bastidores enquanto vários de seus amigos faziam seus debuts (entre eles as lendas do K-pop como BamBam, do GOT7, Lisa, do Blackpink e Young K, do DAY6) e outros simplesmente desapareciam do sistema. Visionário, hiperorganizado e generoso, Bang Chan está profundamente atrelado à indústria e é um farol na quarta geração do K-pop.

Produtor

Líder

Mentor

3RACHA

1 *Hyung* é uma palavra coreana frequentemente usada entre amigos, colegas ou irmãos para se dirigir a um homem mais velho — portanto mais sábio — com respeito e carinho. Carrega um sentido de hierarquia, mas também de irmandade. (N.T.)

PERFIL

NOME COMPLETO: Christopher Chahn Bahng

DATA DE NASCIMENTO: 3 de outubro de 1997

SIGNOS: Libra + Búfalo no Horóscopo Chinês

APELIDOS: Chris, Kangaroo, CB97

IDIOMAS: Ele fala inglês, coreano e japonês, além de estar estudando chinês.

7: Número de anos que passou como *trainee* na JYP. É um período bem longo, mas o trabalho duro valeu a pena!

INSTRUMENTOS: Ele toca piano e violão.

VIDA FITNESS: Bang Chan é um talentoso nadador e jogador de futebol.

VOCÊ SABIA? O cabelo natural dele é cacheado.

LEMA: É o conselho que seu pai lhe deu: "Apenas aproveite."

ELE É UM PRODÍGIO: Seus colegas de grupo dizem que ele dorme de três a quatro horas por noite — isso em um dia bom!

Isso é tão Chan! "Fico muito tímido quando recebo um elogio", disse à *Teen Vogue* em 2022. "Fico pensando: será que posso aceitar? Porque, quando olho para mim, ainda não estou satisfeito comigo mesmo."

LEE KNOW

Lee Min-ho, filho único, é nascido e criado em Gimpo, na Coreia do Sul. Seus colegas de grupo brincam com ele por sua personalidade 4D (uma expressão coreana para quem é adoravelmente esquisito e tem as quatro dimensões — comportamento, inteligência, emoção e motivação — em equilíbrio). Min-ho começou a dançar ainda no ensino fundamental e suas habilidades chamaram a atenção da JYP, que lhe ofereceu uma audição… mas ele nunca teve resposta. Sua primeira grande chance na indústria foi como dançarino de apoio do grupo BTS, acompanhando sua turnê no Japão. Anos depois da primeira audição para a JYP, enfim foi chamado para ser um *trainee* no programa. Ele é o líder do DanceRacha e cria muitas coreografias para o grupo. Como qualquer um que tenha assistido a uma apresentação ao vivo dos Stray Kids pode atestar, seu talento é formidável. Os STAY admiram Lee Know por sua beleza, sua aptidão da dança e sua personalidade excêntrica.

Dançarino

Rapper

Vocalista

DanceRacha

PERFIL

NOME COMPLETO: Lee Min-ho

DATA DE NASCIMENTO: 25 de outubro de 1998

SIGNOS: Escorpião + Tigre no Horóscopo Chinês

APELIDOS: Min-ho, Dancing Gem, Irino e Cat hyung

IDIOMAS: Ele fala coreano e japonês.

2: Número de semanas que levou para passar as quarenta fases do treinamento de dança na JYP — é o recorde entre os *trainees* (o recorde anterior era de quatro *meses*).

HOBBY: Ele é um ávido lutador de boxe.

TALENTO ESCONDIDO: Lee Know é ambidestro.

AMANTE DOS ANIMAIS: Tem três gatos: Sooni, Doongi e Dori.

LEMA: "Vamos comer bem e viver bem."

MAIOR MEDO: Ele tem medo de altura.

CURIOSIDADE: Adora assistir a filmes de super-heróis.

ISSO É TÃO MIN-HO! "Fui o último a entrar na JYP. Sempre senti que a competitividade é intensa entre os *trainees*, mas no SKZ não é assim. Era tipo: 'Vamos todos debutar juntos! Vamos lá! *Fighting!*' Então entrei na JYP com o coração tranquilo."

CHANGBIN

O interesse de Changbin pela música começou a se desenvolver enquanto crescia em Uiwang e Seul, onde aprendeu a tocar violino. Mais tarde, ele se encantou pelo hip-hop, e cita G-Dragon, do BIGBANG, como uma influência formativa na sua música, junto com o rapper norte-americano Kendrick Lamar. Como principal rapper dos SKZ, o *flow* dele é lendário — Changbin é reconhecido como o rapper mais rápido do K-pop. E, mesmo tendo um *flow* marcado por uma rouquidão quase gutural característica, ele também possui a habilidade de deixar seus vocais mais suaves e sensíveis. Seus colegas de grupo o provocam constantemente por conta de seus hábitos alimentares, porém, independentemente de quantas batatas-doces ele coma, sua aparência é muito apreciada pelos fãs. Membro do 3RACHA, ele faz a produção musical do grupo assinando como SPEARB. Ele também é um dos integrantes mais encorajadores, aconselhando e motivando tanto seus companheiros hyungs quanto os mais jovens e também os STAY.

Rapper

Produtor

Compositor

3RACHA

PERFIL

NOME COMPLETO: Seo Changbin

DATA DE NASCIMENTO: 11 de agosto de 1999

SIGNOS: Leão + Coelho no Horóscopo Chinês

APELIDOS: SPEARB, Lewis, Binnie, Baby, Jut Dae

IDIOMAS: Ele fala coreano, inglês e japonês.

11,13: Número de sílabas que Changbin pode dizer por segundo em um *flow*.

SEGREDINHO FOFO: Ele contou que dormia com um bichinho de pelúcia chamado Gyu.

ELE É GENEROSO: Changbin é um filantropo ativo, apoiando causas que vão dos direitos da população LGBTQIA+ à fome mundial e à assistência humanitária em catástrofes.

CURIOSIDADE: Muitas vezes visto usando grifes, ele confessa sua paixão por fazer compras.

TALENTO ESCONDIDO: Ele é um praticante muito habilidoso do *tae kwon do*.

VOCÊ SABIA? Ele nunca tinha andado de avião antes de se tornar um *idol*.

ISSO É TÃO CHANGBIN! "Não compartilho muito da minha intimidade, mas a música é como um canal que revela as histórias que estão dentro de mim."

HYUNJIN

Hwang Hyunjin nasceu e cresceu em Seul. Enquanto *trainee*, frequentou a prestigiosa Escola de Artes Performáticas de Seul, a SOPA, onde estudou balé, jazz e dança contemporânea. Escolhido como o visual no grupo, sua aparência de modelo lhe rendeu o título de embaixador mundial da grife Versace. Na verdade, foi realmente sua aparência que o levou à JYP — um olheiro o avistou enquanto ele fazia compras com a mãe e o convidou para uma audição. Mas foram suas habilidades na dança e sua voz suave que o fizeram ser contratado. Ele é uma alma sensível que busca a nos beleza ao redor e expressa essa sensibilidade tanto na música quanto em outras artes. Hyunjin é um artista versado que passa muito do seu tempo livre desenhando, pintando e fotografando — parte de suas criações é compartilhada com os fãs em suas redes sociais. (O que ele mais gosta de desenhar? Flores.) Ele também é um ávido leitor de literatura e poesia.

Dançarino

Rapper

Vocalista

DanceRacha

PERFIL

NOME COMPLETO: Hwang Hyunjin

DATA DE NASCIMENTO: 20 de março de 2000

SIGNOS: Peixes + Dragão no Horóscopo Chinês

IDIOMAS: Ele fala coreano e inglês.

RITUAL DIÁRIO: Ele lê poesia toda noite antes de dormir.

HÁBITO SECRETO: Ele fala dormindo.

CONEXÃO NORTE-AMERICANA: Ele melhorou seu inglês quando morou em Las Vegas por um curto período. Lá ele usava o nome Sam.

BICHINHO DE ESTIMAÇÃO: Ele adora cachorros! Tem um chihuahua de pelo longo chamado Kkami.

VOCÊ SABIA? O nome Kkami foi uma homenagem ao seu cachorrinho anterior, Kkomi, que ele teve quando criança. Hyunjin escreveu a canção "Little Star" em sua homenagem.

ELE TAMBÉM É GENEROSO: Assim como alguns de seus colegas de grupo, ele é um filantropo ativo, apaixonado pela causa animal e pelos direitos humanos.

COLAB CHIQUE: Em 2023, ele colaborou com Troye Sivan no single "Rush" do cantor australiano.

ISSO É TÃO HYUNJIN! "Quero continuar trabalhando duro para que a gente continue se aperfeiçoando, até que a gente consiga olhar para trás e perguntar: 'Nossa, como a gente chegou tão longe?'"

HAN

Embora seus dons musicais sejam diversos e notórios, a família de Han não esperava que ele se tornasse um *idol*. No fim das contas, ele chegou à JYP quase que por acidente. Um amigo o encorajou a ir para uma audição na empresa. Ele quase não foi, mas seu amigo argumentou que ele poderia acabar vendo uma celebridade. Convencido, Han aceitou... e o resto é história. Pouco tempo depois de conhecer seus colegas do programa de *trainee* Bang Chan e Changbin, o 3RACHA estava formado. O trio começou a publicar seu trabalho no SoundCloud — o primeiro de uma série de acontecimentos que resultaria na criação dos SKZ. Han é conhecido por seu talento como rapper e vocalista. Muitas das músicas que ele escreveu para o grupo têm em comum o tema do autoempoderamento. Suas palavras inspiradoras o conectam aos fãs que enfrentam momentos difíceis, de qualquer natureza. Em contraste aos versos tão profundos e reflexivos, sua personalidade é alegre e iluminada, e ele não se leva muito a sério.

Produtor

Rapper

Vocalista

3RACHA

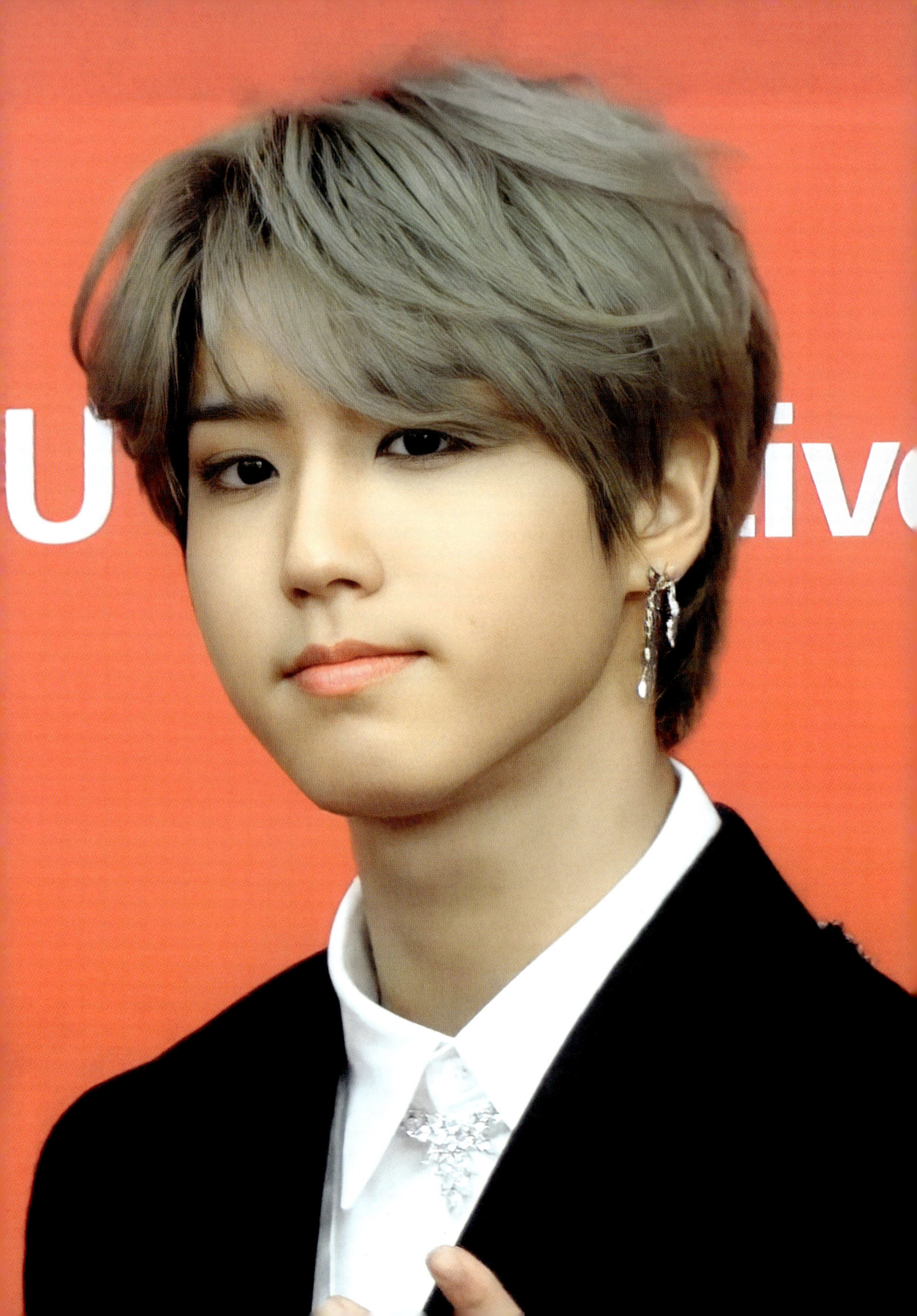

PERFIL

NOME COMPLETO: Han Jisung

DATA DE NASCIMENTO: 14 de setembro de 2000

SIGNOS: Virgem + Dragão no Horóscopo Chinês

APELIDOS: Squirrel, J.ONE, BUG

IDIOMAS: Ele fala coreano e inglês.

INSTRUMENTOS: Ele toca guitarra.

PONTO FRACO: Ele adora doces!

HOBBIES: Ele é um grande fã de mangá e anime.

VOCÊ SABIA? Embora tenha nascido na Coreia do Sul, passou a maior parte da sua infância na Malásia.

CURIOSIDADE: Ele teve uma educação domiciliar.

TALENTO ESCONDIDO: Assim como Hyunjin, ele é um desenhista muito talentoso.

FOBIAS: Ele tem um medo bastante incomum: tripofobia. Ver comida ou itens porosos cheios de buracos lhe causa uma sensação de repulsa extrema.

ISSO É TÃO HAN! "Tudo o que desejávamos era espalhar um pouco de carinho por meio da nossa música, palavras de consolo e empatia com uma postura voltada para a criação de uma comunidade. Digo que é um veículo para nos comunicarmos com nosso público e nossos fãs. Graças à receptividade calorosa deles e à interação em resposta a nossas atividades, formamos um verdadeiro senso de solidariedade com os STAY."

FELIX

Felix tem uma das vozes mais reconhecíveis do K-pop — um barítono bem grave que deixa sua marca música após música no *songbook* dos SKZ (quem consegue esquecer a abertura de "Maniac", por exemplo?). Felix, no entanto, é mais do que uma voz grave. Para completar, ele ainda tem as habilidades vocais, de dança e o visual de um *idol*. Felix é um dos dois australianos do grupo, junto com Bang Chan, e seu inglês nativo e sua conduta confiante fazem dele o porta-voz natural do grupo quando eles se apresentam fora da Ásia. Ele chegou à JYP depois de ser notado por um caçador de talentos junto com um amigo na rua em Sydney, que os convidou para uma audição local. Seu amigo não passou no teste, mas logo Felix se viu em um avião a caminho de Seul, onde iniciou o programa de treinamento. Lá ele trabalhou para aprimorar suas habilidades de dança e canto, além de desenferrujar o seu coreano. Felix é conhecido pela personalidade acolhedora e otimista, e ele se empenha continuamente em demonstrar admiração e apoio a seus colegas de grupo e aos STAY.

Dançarino

Rapper

Vocalista

DanceRacha

PERFIL

NOME COMPLETO: Felix Lee

NOME COREANO: Lee Yongbok

DATA DE NASCIMENTO: 15 de setembro de 2000

SIGNOS: Virgem + Dragão no Horóscopo Chinês

APELIDOS: Haengbok (um trocadilho com a palavra coreana que significa *felicidade*), Feelbok, Sunshine

IDIOMAS: Ele fala coreano e inglês.

ESPORTES: Ele ama futebol.

CURIOSIDADE: Ele é um fashionista — e embaixador da grife Louis Vuitton.

ELE É UM SUPERATLETA: Foi campeão de natação na Austrália e é faixa preta de terceiro dan em *tae kwon do*.

63: É o número de medalhas que Felix já ganhou no *tae kwon do*.

TALENTOS ESCONDIDOS: Ele gosta de fazer beatbox e de desenhar.

VOCÊ SABIA? Ele tem sardas!

ISSO É TÃO FELIX! "Com o passar do tempo, os STAY e o Stray Kids se tornaram uma família. STAY, vocês são nosso melhor presente."

SEUNGMIN

Nem sempre Seungmin desejou se tornar um *idol* — mas ele realmente acreditava que seu destino seria glorioso. Conforme ia crescendo, aumentava a vontade de ser um jogador profissional de beisebol. Ele era bom, mas algumas lesões acabaram atrapalhando seu sonho. Até que um novo desejo bateu à sua porta. Quando Lee Daewhi, um amigo que era *trainee* no programa da JYP, o convidou para uma audição aberta para a empresa, Seungmin agarrou a oportunidade. Ele próprio tornou-se também um *trainee*, passando a integrar o Stray Kids após o programa de TV de mesmo nome em 2017. Ele trabalhou duro para desenvolver suas habilidades vocais, e o esforço valeu a pena. Quando Woojin deixou o grupo em 2019, foi Seungmin quem herdou a maior parte dos trechos executados pelo antigo membro, muitos com notas agudas de difícil alcance. Assim, com confiança e graça, Seungmin assumiu seu papel de destaque como o vocalista principal. Ele é muito esforçado, mas também sabe aproveitar os momentos de relaxamento, sempre fazendo piada e brincando com os membros do grupo (principalmente o *maknae* I.N, o mais jovem de todos).

Vocalista

Dançarino

Rapper

VocalRacha

PERFIL

NOME COMPLETO: Kim Seungmin

DATA DE NASCIMENTO: 22 de setembro de 2000

SIGNOS: Virgem + Dragão no Horóscopo Chinês

APELIDOS: Snail, Puppy, Sky

IDIOMAS: Ele fala coreano e inglês.

QUE LIMPINHO! Ele é conhecido por ser extremamente organizado — uma virtude e tanto quando se trata de dividir o quarto com um monte de garotos no programa de *trainee*.

CONEXÃO NORTE-AMERICANA: Ele aprendeu inglês em uma curta temporada morando em Los Angeles.

TALENTOS ESCONDIDOS: Ele gosta de cozinhar. E é excelente em fazer rap em inglês (confira "Maze of Memories", por exemplo).

CURIOSIDADE: Ele ganhou seu primeiro prêmio de música ainda no ensino fundamental, levando o troféu para casa depois de cantar uma canção de ninar.

HISTÓRIA DE ARREPIAR: Quando era criança, um helicóptero caiu no prédio onde ele morava enquanto estava escovando os dentes. Que medo!

UM CARA DISCIPLINADO: O programa *Stray Kids* descreveu-o como "um ícone do zelo", por sua retidão durante o treinamento. Ele manteve uma rotina exaustiva enquanto era *trainee*, sem faltar nem um dia sequer — nem perder uma chance de melhorar.

ISSO É TÃO SEUNGMIN! "Normalmente a gente não se compara aos outros… Quando dizemos que o Stray Kids não se importa com as conquistas alheias, estamos falando sobre nosso caminho."

I.N

Assim como o mais velho do grupo tem uma função (como líder — e Bang Chan faz isso de forma exemplar no SKZ), o mais jovem também tem. E I.N cumpre muito bem o papel de *maknae*, termo em coreano que se refere à pessoa mais jovem de um grupo, estando disponível para seus colegas e aprendendo com eles. Nos círculos do K-pop, referem-se a ele como "Maknae on Top", em alusão à faixa satírica de mesmo nome lançada por I.N na qual ele dá ordens a seus parceiros de grupo, mas também como um reconhecimento do seu valor como vocalista e *performer*. Mas nem sempre ele foi tão confiante assim. Aprendeu a cantar na igreja ainda criança e tinha o costume de cantar *trot* para os membros mais velhos de sua congregação. Impressionados com seu evidente talento, encorajaram-no a fazer audições como cantor, e isso o levou à JYP e à prestigiosa Escola de Artes Performáticas de Seul. Tímido e sério, este *maknae* tem uma alma velha — embora seja rápido em lançar uma piada quando a situação pede!

Vocalista

Dançarino

Maknae

VocalRacha

PERFIL

NOME COMPLETO: Yang Jeongin

DATA DE NASCIMENTO: 8 de fevereiro de 2001

SIGNOS: Aquário + Cobra no Horóscopo Chinês

APELIDOS: Desert Fox, Baby Bread, Bean Worm

IDIOMAS: Ele fala coreano.

VIDA DE MODELO: Ele trabalhou como modelo quando era criança.

HOBBY: É um grande fã de vídeos de ASMR.

TALENTO ESCONDIDO: Seu talento para cantar *trot* (um gênero coreano tradicional, abreviação para "foxtrote").

ÍDOLO NORTE-AMERICANO: Bruno Mars é sua maior influência musical e seu ídolo.

VOCÊ SABIA? Ele usou aparelho ortodôntico por anos, finalmente tirando-o em 2019.

GUILTY PLEASURE: Ele adora assistir a vídeos de *mukbang* coreano, um tipo de conteúdo no qual pessoas comem uma quantidade considerável de comida, podendo interagir com a audiência.

CURIOSIDADE: Ele pratica bastante a meditação.

ISSO É TÃO I.N! "Vamos nos divertir!"

CAPÍTULO 6

OS BASTIDORES DA MÚSICA

STRAY

A estética de "faça você mesmo" que o Stray Kids introjeta na música é sua marca registrada. Desde o primeiro dia, a JYP optou por uma política de não interferência, permitindo que os integrantes pudessem criar livremente. Tudo começou com o 3RACHA — Bang Chan, Changbin e Han —, que compõe e produz a maior parte das músicas executadas pelo grupo. Juntos, os garotos criaram uma sonoridade única, impossível de se comparar a qualquer coisa no K-pop atual: uma feroz, exuberante e, de toda forma, *barulhenta* mistura de gêneros opostos. "O objetivo é continuar o pioneirismo em novos temas musicais e ter nossa música reconhecida como o 'gênero do Stray Kids'", disse Changbin à revista *Time* em 2023.

"O Stray Kids tem uma cor própria e distinta... somos artistas que podem aplicar nossa cor musical a qualquer coisa, independentemente do gênero."

— Han para a NME

A imprensa coreana logo cunhou o termo "mala taste", ou "sabor de *mala*", para descrever a sonoridade deles — sendo *mala* uma referência à sopa chinesa que provoca dormência chamada *malatang*, uma mistura complexa que ao mesmo tempo é superpicante e viciante. O caráter "picante" ou "apimentado" faz sentido perfeitamente, pois o trio 3RACHA de fato foi nomeado a partir do molho de pimenta tailandês *Sriracha* — que parece ter sido injetado na música deles desde o início. O trio composto por Bang Chan, Changbin e Han tem criado músicas desde a época de *trainee*, quando postavam suas criações experimentais no SoundCloud assinando como CB97, J.ONE e SPEARB.

Tendo o espírito sem regras do 3RACHA como norte musical, o Stray Kids criou um nicho próprio. Com o passar do tempo, eles apenas assumiram essa identidade de *outsiders*. Quando os pessimistas disseram que eles eram barulhentos demais, eles dobraram a aposta e lançaram um álbum intitulado *Noeasy*.[2] Quando os haters disseram que eles eram "apimentados" demais, eles enfrentaram as críticas com "God's Menu", respondendo com orgulho que "todos os nossos pratos têm um sabor muito forte". Muito de seu repertório ressoa com a própria convicção que o grupo tem da música que eles fazem. Mas nem tudo é só ostentação. Outras canções abordam o fardo emocional de ser jovem — explorando temas como ansiedade, insegurança e o peso das críticas e expectativas. Essa capacidade de identificação é em grande parte responsável pela conexão do grupo com os fãs.

"As pessoas conseguem distinguir quem está sendo sincero em sua música",

2 O título do álbum, Noeasy **(que poderia ser traduzido como "Nada fácil"), faz um trocadilho sonoro com a palavra** noisy, **"barulhento" em inglês. (N.T.)**

COMO FALAR K-POP

COMEBACK

Não importa se é um single, um *EP* ou um *álbum*: os fãs de K-pop não precisam esperar demais para ouvir novas músicas de seus *bias*. Cada novo lançamento é chamado de *comeback*.

disse Shannen Song, executivo da JYP, à revista *Billboard* em 2023. "Isso é o que dá força a eles e à música deles."

O grupo também se beneficiou de um acordo que lhe proporcionou a oportunidade de levar seu trabalho para o público fora do mercado asiático. Em 2020, a JYP fez uma parceria com a Republic Records, um selo musical norte-americano que acreditava que o SKZ estava numa posição favorável para conquistar o mercado dos Estados Unidos. Até agora, pode-se dizer que o seu instinto estava certo.

Embora o grupo tenha inovado com sua música de algumas maneiras, eles ainda mantêm muitas das qualidades que definem um *idol* de K-pop. Você ainda vai encontrar o visual marcante e as coreografias afiadas, os refrões que grudam na cabeça e as performances sedutoras. Você também vai vê-los seguindo a mesma trajetória de seus colegas artistas de K-pop no lançamento de novas músicas. Diferentemente da indústria pop norte-americana, na qual os fãs normalmente esperam um novo álbum de seu artista favorito a cada ano — *isso se tiverem sorte* —, os artistas de K-pop pertencem a uma classe diferente, trazendo *comeback* atrás de *comeback* ao longo do ano.

A discografia a seguir contempla os principais lançamentos do Stray Kids — EPs e álbuns completos. Listar cada single, cada lançamento japonês, novas versões e coletâneas deixaria este livro muito longo. Mas vale a pena escutar tudo!

MIXTAPE

Lançado em 8 de janeiro de 2018

1. **Hellevator**
2. Beware (Grrr)
3. Spread My Wings
4. YAYAYA
5. Glow
6. School Life
7. 4419

"Hellevator" é uma metáfora dos altos e baixos emocionais pelos quais os jovens passam. Primeiro single do Stray Kids, ele foi composto como um farol para alcançar "crianças perdidas" em qualquer lugar.

"*Hellevator* tem uma atmosfera sombria bem definida, colocando o grupo sob uma luz estranhamente melancólica. Com produção e performance fortes e agressivas, a faixa une vários clichês, desde o rap catártico à tristeza do pré-refrão triste, culminando na 'virada' que compõe o verdadeiro gancho. Sendo integrantes da JYP Entertainment, eles praticamente têm certo nível de sucesso garantido. Seria sensato aproveitar essa plataforma e impulsionar o gênero adiante, e não mantê-lo estagnado." — *The Bias List*

I AM NOT

Lançado em 25 de março de 2018

1. NOT!
2. **District 9**
3. Mirror
4. Awaken
5. Rock
6. Grow Up
7. 3rd Eye
8. Mixtape #1

O SKZ definiu o próprio território, chamando-o de **"District 9"** (por conta dos então nove integrantes do grupo). Essa música mostra a habilidade deles em misturar gêneros diferentes, incluindo eletrônico, hip-hop e rock.

"Não se deve deixar enganar pelo fato de eles se chamarem '*kids*', pois *I am NOT* é um dos álbuns mais pesados do ano até o momento. Combinar sons de hard rock com rap é uma escolha incomum no K-pop de hoje, mas isso pode, de fato, jogar a favor deles na criação de uma sonoridade própria. Enquanto é possível ver em vários grupos de *idols* que a figura do rapper tende a ser alguém que não é particularmente talentoso no canto e/ou tem uma extensão vocal mais limitada, os rappers do Stray Kids sabem exatamente o que estão fazendo. Trata-se de um álbum de estreia sólido para um grupo estreante, que mostra diferentes lados do conjunto e mantém a consistência do som. O Stray Kids definitivamente tem uma carreira promissora pela frente." — *Seoulbeats*

I AM WHO?

Lançado em 6 de agosto de 2018

1. WHO?
2. My Pace
3. **Voices**
4. Question
5. Insomnia
6. M.I.A.
7. Awkward Silence
8. Mixtape #2

Ao dar destaque ao sentimento de insegurança, **"Voices"** é um chamado para acabar com ele de uma vez por todas.

"Você pode ver o tanto de honestidade que existe na música deles, e o fato de quase todos os membros estarem envolvidos na produção e na composição realmente demonstra isso. Escutar este álbum foi como chorar bastante e depois, lentamente, se reerguer."

— *Amino Apps*

I AM YOU

Lançado em 22 de outubro de 2018

1. You.
2. **I Am You**
3. My Side
4. Hero's Soup
5. Get Cool
6. N/S
7. 0325
8. Mixtape #3

Cheia de otimismo e encorajamento, essa carta de amor aos STAY foi moldada para se montar uma playlist motivacional.

"*I am YOU* é uma abordagem estimulante e carregada de emoção do eletropop com forte influência do rap, e se deleita em riffs de guitarra dramáticos e uma bateria marcada e pesada. Assim como todas as faixas do álbum, foi coescrita pelo trio de compositores do grupo, 3RACHA, e explora liricamente o relacionamento entre duas pessoas que se encontram uma na outra." — *Billboard*

CLÉ 1: MIROH

Lançado em 25 de março de 2019

1. Entrance
2. Miroh
3. Victory Song
4. Maze of Memories
5. Boxer
6. **Chronosaurus**
7. 19
8. Mixtape #4

Personificando a ansiedade como um feroz "dinossauro do tempo", **"Chronosaurus"** encoraja os ouvintes a continuarem seguindo em frente sem medo do que está por vir.

"O Stray Kids joga intensidade para todos os lados." — *KpopReviewed.com*

CLÉ 2: YELLOW WOOD

Lançado em 19 de junho de 2019

1. **Road Not Taken**
2. Side Effects
3. TMT
4. Mixtape #1
5. Mixtape #2
6. Mixtape #3
7. Mixtape #4

"A estrutura desorientadora da música, o gênero psicodélico explorado por eles, além de um sample brilhante que soa como uma lista monótona dos 'efeitos colaterais' de um remédio, tudo se mistura para criar o tipo de retrato bagunçado de um jovem se descobrindo em 2019. Mas, em vez de tentar arrumar a bagunça, os garotos abraçam essa natureza caótica como alguns dos melhores jovens artistas da atualidade." — *Billboard*

Inspirados pelo famoso poema **"O caminho que não tomei"**, de Robert Frost, o SKZ convida os ouvintes a considerar a estrada menos conhecida em vez de tomar o caminho que lhes parece predeterminado.

CLÉ: LEVANTER

Lançado em 10 de dezembro de 2019

1. Stop
2. Double Knot
3. **Levanter**
4. Booster
5. Astronaut
6. Sunshine
7. You Can Stay
8. Mixtape #5

Confira o videoclipe — é recheado de *easter eggs* para os fãs que conhecem os trabalhos anteriores do grupo.

"Apenas o Stray Kids sabe para onde sua bússola os levará a seguir. Mas, se a série *Clé*, com toda sua maturidade e musicalidade ambiciosa, for um emblema da direção futura, então é um caminho que vale a pena ser traçado." — MTV

GO LIVE

Lançado em 17 de junho de 2020

1. Go Live
2. **God's Menu**
3. Easy
4. Pacemaker
5. Airplane
6. Another Day
7. Phobia
8. Blueprint
9. Ta
10. Haven
11. Top
12. Slump
13. Mixtape: Gone Days
14. Mixtape: On Track

A revista *Time* escolheu **"God's Menu"** como uma das melhores músicas do ano, descrevendo-a como "um Frankenstein artístico tão cativante quanto complexo".

"*Go Live* (2020) representa um ponto de virada na sonoridade do Stray Kids. Com a faixa homônima que abre o álbum, o grupo decide dar uma guinada completa, trocando a música de batida impactante tão familiar por um eletrônico abrasivo, quase techno... As breves referências ao trabalho anterior do grupo tornam a faixa quase nostálgica." — *Clash Magazine*

IN LIFE

Lançado em 14 de setembro de 2020

1. The Hare and the Tortoise
2. **Back Door**
3. B Me
4. Any
5. Ex
6. We Go
7. Wow
8. My Universe
9. God's Menu
10. Easy
11. Pacemaker
12. Airplane
13. Another Day
14. Phobia
15. Blueprint
16. Ta
17. Haven

Uma das novas faixas do álbum relançado, ***"Back Door"***, é pura diversão, convidando os ouvintes a ultrapassar o cordão de veludo de segurança e ingressar em um evento exclusivo. A sequência de trocas de figurino e a coreografia extremamente bem executada no videoclipe mostram um lado elegante do SKZ mais do que nunca.

"Os oito novos lançamentos são algumas das canções mais singulares e envolventes do Stray Kids até hoje." — *AllKpop*

NOEASY

Lançado em 23 de agosto de 2021

1. Cheese
2. Thunderous
3. Domino
4. Ssick
5. The View
6. Sorry, I Love You
7. **Silent Cry**
8. Secret Secret
9. Star Lost
10. Red Lights
11. Surfin'
12. Gone Away
13. Wolfgang
14. Mixtape: Oh

"O Stray Kids aperfeiçoa sua habilidade de tornar até as partes silenciosas descaradamente barulhentas, mostrando-nos como viver com o ruído — e não fugir dele." — *Teen Vogue*

"Thunderous" e "Wolfgang" são os singles principais, mas ***"Silent Cry"***, uma faixa sensível sobre depressão e ansiedade, evidencia um lado diferente do grupo.

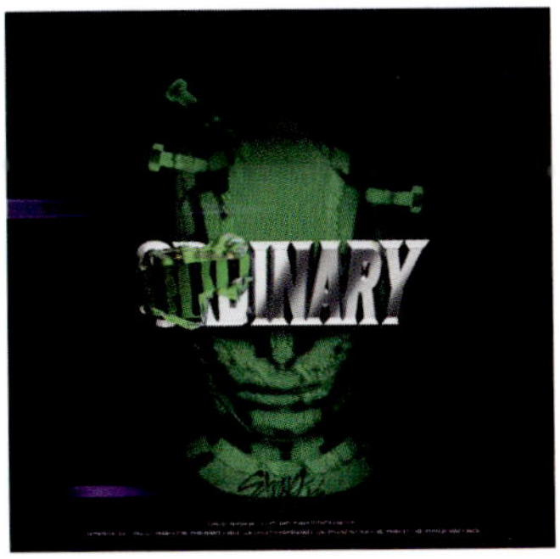

ODDINARY

Lançado em 19 de março de 2022

1. Venom
2. **Maniac**
3. Charmer
4. Freeze
5. Lonely St.
6. Waiting For Us
7. Muddy Water

Uma de suas canções de maior sucesso comercial até hoje foi incluída entre as melhores do ano por *Rolling Stone*, *Billboard* e NME, entre outros veículos de prestígio.

"Este miniálbum é reflexo de sua paixão extraordinária, inteligência e crescimento. É um elegante passo à frente na trajetória do grupo, que, com sorte, nunca se cansará de levantar questionamentos." — NME

MAXIDENT

Lançado em 7 de outubro de 2022

1. **Case 143**
2. Chill
3. Give Me Your TMI
4. Super Board
5. 3Racha
6. Taste
7. Can't Stop
8. Circus (Korean ver.)

"*Maxident* é uma obra experimental até mesmo para o Stray Kids, uma explosão do caos criativo da forma mais cativante... Valendo-se do ponto forte de ser um grupo autoproduzido, eles brilham ainda mais a cada *comeback*, intensificando seu impacto na indústria." — *Disrupted Magazine*

Um código não muito sutil para ***i l-o-v-e y-o-u***, esse videoclipe cheio de ação lança uma investigação literal sobre as coisas que fazemos por amor.

5-STAR

Lançado em 2 de junho de 2023

1. Hall of Fame
2. **S-Class**
3. Item
4. Super Bowl
5. Topline
6. DLC
7. GET LIT
8. Collision
9. FNF
10. Youtiful
11. The Sound (Korean Ver.)
12. Mixtape: Time Out

"À primeira vista, o terceiro álbum de estúdio do Stray Kids fará você sentir como se tivesse chegado a uma festa que já está a pleno vapor — a atmosfera é eletrizante, até um pouco intoxicante, o ar denso com conversas animadas e um baixo pesado que faz seu peito vibrar, enquanto você anda de um cômodo para outro tentando encontrar seu lugar. *5-Star* é desorientador dessa maneira. Mas, uma vez que seus sentidos estejam adaptados à agitação e seu corpo sincronize com o ritmo, você se perde em sua luminosidade. O Stray Kids está voando tão alto que já se encontra em uma galáxia só deles, onde as festas são infinitas e as vibrações são sempre cinco estrelas." — NME

Usando um carro de luxo como metáfora do próprio estilo sofisticado, ***"S-Class"*** conta com um videoclipe que mostra a paixão do grupo por filmes de ação.

ROCK-STAR

Lançado em 10 de novembro de 2023

1. Megaverse
2. **Lalalala**
3. Blind Spot
4. Comflex
5. Cover Me
6. Leave
7. Social Path
8. Lalalala (Rock version)

Este foi o primeiro single do Stray Kids a entrar na lista Hot 100 da *Billboard* e certamente não será o último.

"Com uma variedade de perspectivas, ROCK-STAR mostra o Stray Kids ampliando sua paleta criativa, ao mesmo tempo em que revisita suas raízes mais rebeldes."
— *Teen Vogue*

Nota: Até o fechamento desta edição, os lançamentos mais recentes do Stray Kids incluem o álbum *ROCK-STAR*, os singles "Ate" (19 de julho de 2024), "Giant" e "Hop" (ambos em 13 de novembro de 2024), além do EP *Mixtape: dominATE*, lançado em 21 de março de 2025.

CAPÍTULO 7

ELES FAZEM O STRAY KIDS CONTINUAR

dominATE
TOKYO
Stray Kids
World Tour
TOKYO DOME
2024.11.14 THU 6PM
2024.11.16 SAT 5PM
2024.11.17 SUN 4PM
JYP LEADER IN ENTERTAINMENT

Os fãs de K-pop demonstram um tipo de espírito coletivo que é diferente do que acontece com qualquer outro gênero. Eles são intensos, leais e extremamente envolvidos com cada passo de seus *idols* favoritos. Porém, mais importante do que isso, o senso de comunidade ressoa também entre eles próprios: um grupo de indivíduos que não apenas valorizam o artista, mas que também apoiam e valorizam uns aos outros com o mesmo vigor. Os STAY não são diferentes. A comunidade deles é aberta e participativa, seja para divulgar eventos próximos e lançamentos, responder às perguntas dos fãs recém-chegados, repassar os *fan chants* e outros recursos para as apresentações ao vivo, ou mesmo somar forças para levar seu grupo para o topo. Além disso, praticam a cultura da inclusão e da compreensão, portanto é um lugar onde todos são bem-vindos.

É exatamente isso que o Stray Kids tinha em mente desde o início. Quando chegou a hora de escolher um nome, esse espírito de inclusão foi seu princípio orientador. Eles queriam criar um lar para seus fãs: "Desde o nosso *debut*, a nossa meta era alcançar o máximo de "crianças perdidas", de *stray kids*, possível, mostrar a nossa música e dar força para as pessoas que realmente precisam", disse Bang Chan à *Billboard* em 2023. É a ideia de que os fãs são como a família deles, um sentimento que com frequência é replicado tanto pelo grupo quanto pelos fãs.

Para um típico grupo de K-pop, a gravadora estaria encarregada de coisas como criar o nome do grupo, sua imagem, a seleção das faixas de um álbum… e até o nome de sua *fanbase*. Mas, neste caso, o próprio grupo sugeriu o acrônimo STAY. Conforme Felix explicou para a rádio z100 de Nova York, "o nome é STAY porque tiramos o r de *Stray*. O r é a razão de os STAY estarem aqui com a gente".

20 MILHÕES

Número de inscritos no canal oficial do Stray Kids no YouTube até a publicação deste livro. Seus vídeos já tiveram mais de 7,8 bilhões de visualizações!

Pergunte a qualquer STAY por que eles acompanham o grupo e essa pessoa vai te dar um milhão de motivos. Para alguns, é por se identificarem com suas músicas, que quase sempre soam como um diálogo direto com quem escuta. Para outros, é pelo estilo intenso e inimitável de se apresentar, ou por eles serem muito acessíveis e pela maneira com que interagem com os fãs. E, para muitos, não é nada ruim que eles sejam bonitos de se admirar.

O carisma deles também se estende entre celebridades. Lá em 2021, sua performance de "God's Menu" / "Ddu-du Ddu-du" inspirada em *Deadpool* no programa *Kingdom: Legendary War* chamou a atenção do próprio Deadpool, o ator Ryan Reynolds, que depois declarou que o líder Bang Chan é seu "novo australiano favorito". Hugh Jackman, ator australiano e intérprete de Wolverine, também segue nas mídias sociais o grupo admirador de super-heróis.

"Vocês fazem os Stray Kids continuarem" é uma espécie de grito de guerra para o fandom e um lema não oficial do grupo. É bastante repetido pelos integrantes e serve como uma verdadeira assinatura na conclusão de videoclipes, apresentações e também em mídias sociais. Seja com sua música, seja on-line ou nas performances ao vivo, o grupo faz de tudo para demonstrar seu amor aos fãs. A conexão entre eles é mútua e um laço profundamente estreito. Trata-se de um conceito que os coreanos chamam de *jeong* — um tipo de fio invisível que os mantém unidos.

O grupo está atrelado à sua base de fãs de forma indissociável, são duas metades de um todo. "Muito tempo atrás, eu disse aos fãs que queria deixá-los orgulhosos de serem um STAY, mas hoje já não penso assim. Sou eu quem está orgulhoso de ser um Stray Kid por causa dos STAY", disse Lee Know.

COMO FALAR K-POP?

Pode parecer difícil adentrar o mundo do K-pop. Com uma abundância de abreviaturas, piadas internas e vocabulário coreano, há muito o que aprender. O glossário a seguir, com palavras em coreano escritas de maneira romanizada, contempla os termos úteis que todo *stan* deve saber para se comunicar com seus *idols* e colegas de *fanbase*.

AEGYO: Agir de forma fofa ou sedutora. A palavra está especialmente associada ao comportamento encantador dos *idols* no palco. O I.N tem *aegyo* de sobra com seu olhar que parece também sorrir.

AIGOO: Interjeição usada em situações de surpresa, frustração ou repreensão, significando basicamente "Ai, ai", "Puxa" ou "Oops".

ALL-ROUNDER: Um talento nato em todas as áreas. É um *idol* que sabe cantar, dançar e fazer rap. O Han do SKZ se encaixa perfeitamente nesse perfil.

AN MOO: Coreografia. Elemento essencial de qualquer grupo de *idols*.

ANNYEONG: Uma palavra com dois significados: quer dizer tanto "olá" quanto "tchau".

BE PEU: Como "bff", é uma abreviação que significa "melhor amigo".

BI DAM: O integrante mais atraente do grupo.

BIAS: Seu integrante favorito dentro de um grupo.

BIAS WRECKER: Aquele integrante que sempre se destaca e acaba "roubando" sua atenção do seu verdadeiro *bias*.

CHINGU: Amigo.

DANCE PRACTICE: Vídeos de ensaio de uma coreografia do grupo.

COMEBACK: Funciona mais como "novo lançamento". É o termo usado para descrever o retorno de um grupo com um novo trabalho musical, uma nova era.

DAEBAK: Incrível. Demais.

DONGSAENG: Significa irmão (ou irmã) mais novo(a), mas pode ser usado para se referir a qualquer pessoa mais jovem que você.

ENDING FAIRY: Pose final de um *idol* no fim de uma apresentação.

FANMEETING: Encontro dos *idols* com os fãs, muito comum entre grupos de K-pop.

FIGHTING: Usado para torcer pelos seus *idols* para dizer "Vai com tudo!".

GAYO: Outro nome para K-pop.

GOMAWO: Jeito informal de dizer "Obrigado".

HIATUS: Pausa de um grupo ou membro por tempo indeterminado.

HOOBAE: Significa "júnior", um termo honorífico para alguém mais novo ou menos experiente que o falante.

HUL: Da próxima vez que quiser escrever "Nem acredito...", use isso — significa algo como "uau" ou "nossa".

HYUNG: Irmão mais velho, mas também pode ser usado para se referir a um amigo próximo mais velho.

IDOL: Termo usado para descrever um grupo de K-pop — o equivalente coreano de um astro do rock.

KING WANG JIANG: Se você ama o Stray Kids ao infinito elevado ao quadrado, use essa frase. Não tem nada mais superlativo que isso — significa "o melhor dos melhores".

KOREABOO: Pessoa que tem uma grande afinidade com tudo que é coreano, mas muito utilizado de forma negativa para aquela pessoa excessivamente obecada.

LIGHTSTICK: Bastão de luz do K-pop, específico para cada grupo. Muito utilizado em shows e performances ao vivo, o nome da lightstick do Stray Kids é Nachimbong, que significa bússola em coreano.

MAKNAE: Membro mais jovem de um grupo; no caso do SKZ, é o I.N.

MV: abreviação para *music videos*, clipes de músicas lançados pelos grupos.

OMO: Abreviação de *omona*, significa "Ai, meu Deus!" ou "Nossa!".

OPPA: Termo utilizado por mulheres para irmão mais velho, ou qualquer homem mais velho que você.

OTTOKE: Expressão de confusão ou irritação, que significa "O que vou fazer agora?" Como em: "Meu Deus, o Stray Kids vai tocar no mesmo dia que a Taylor Swift. *Ottoke?*"

ROOKIE: É um novato, um grupo ou solista que acabou de debutar e não tem muito tempo de carreira.

SA RANG HAE: Eu te amo.

SAESANG: Um fã extremamente obcecado, mas de um modo negativo, que costuma invadir a privacidade de um artista.

SELCA: Selfie.

SHIM KOONG: Tipo aquela sensação que você tem ao ver seu primeiro show do SKZ — seu coração batendo a mil por hora.

SIMKUNG: "Coração acelerado" — é como você pode se referir ao seu *bias*.

SKZ: Abreviação de Stray Kids.

STAN: Termo com origem na música do Eminem com o mesmo nome, sobre um fã obsessivo. Hoje, significa um fã muito dedicado (de forma positiva).

SUNBAE: Significa "sênior" — um título honorífico que os membros do Stray Kids usariam para se referir, por exemplo, ao J.Y. Park.

ULTIMATE BIAS: também chamado de ult ou utt, é o seu *idol* favorito entre todos os grupos.

UNNIE: Como garotas se dirigem a garotas mais velhas de quem são próximas.

VISUAL: Esse termo descreve a aparência do grupo ou como é sua performance em palco — e o integrante mais bonito ou que representa a banda.

YOU MAKE STRAY KIDS STAY: "Vocês fazem os Stray Kids continuarem" é o lema oficial dos STAY, e uma frase que os SKZ costumam usar ao encerrar seus vídeos.

4419: Esse número faz referência a uma música antiga dos SKZ, nomeada com o número do ônibus que o Bang Chan usava nos dias de *trainee*. Esse número é simbólico para os STAY, que celebram todo 4 de abril em como forma de homenagem. (Curiosidade: o Stray Kids venceu sua primeira competição musical em 04/04/19!)

CAPÍTULO 8

O QUE VEM POR AÍ?

Quando questionados sobre suas realizações, os membros do Stray Kids respondem com modéstia. "Para ser franco, nossas conquistas ainda me fazem duvidar se estou sonhando ou se simplesmente não estou com um pé na realidade", disse Felix no Grammy de 2023. "Toda vez que penso nisso, ainda fico tão surpreso que preciso olhar a quantidade de comentários deixados pelos nossos STAY para conseguir acreditar. De verdade, esse é um presente enorme que os STAY ao redor do mundo nos deram."

Quanto aos planos para o futuro, é típico deles se voltarem aos fãs. "Espero que possamos impactar de modo positivo todos aqueles que escutam nossas músicas", falou Seungmin também no Grammy de 2023. "Tipo, quando ouvirem nossas canções num futuro distante, que as pessoas possam recuperar de forma vívida todas as lembranças do passado. Quero mostrar para todos o incrível poder da música."

Não há como prever o que o futuro trará para o SKZ, mas, levando em conta o comprometimento deles com o trabalho, e o próprio comprometimento dos STAY com o grupo, o céu é o limite. Com uma turnê mundial, que passou pelo Brasil em abril de 2025 com 3 shows lotados, um novo encontro com os fãs e planos de novos comebacks no futuro, é seguro dizer que há muito mais por chegar.

B-SIDE (STAY'S VERSION)

A PRIMEIRA VEZ QUE...

A DATA DA PRIMEIRA VEZ QUE EU ESCUTEI UMA MÚSICA DO STRAY KIDS:

....

A PRIMEIRA MÚSICA DO STRAY KIDS QUE EU ESCUTEI:

....

O PRIMEIRO MV DO STRAY KIDS A QUE ASSISTI:

....

O MEU PRIMEIRO *BIAS DO STRAY KIDS*:

....

O MEU PRIMEIRO *BIAS WRECKER DO STRAY KIDS:*

....

O PRIMEIRO *COMEBACK* QUE EU ACOMPANHEI:

....

A PRIMEIRA LIVE A QUE ASSISTI:

....

O PRIMEIRO PROGRAMA DE VARIEDADES QUE EU VI:

....

O PRIMEIRO PHOTOCARD QUE EU COMPREI OU GANHEI:

....

A PRIMEIRA COREOGRAFIA QUE APRENDI:

....

A PRIMEIRA PREMIAÇÃO A QUE EU ASSISTI:

....

CLASSIFICAÇÕES DO STRAY KIDS

MEMBRO QUE ME CHAMOU ATENÇÃO PRIMEIRO:

....

MEMBRO QUE MAIS ME FAZ RIR:

....

MEMBRO QUE MAIS ME EMOCIONA:

....

MEMBRO QUE TEM AS MELHORES MÚSICAS SOLO:

....

A *FANCAM* QUE EU MAIS VEJO:

....

MEMBRO QUE EU DEMOREI MAIS TEMPO PARA DECORAR O NOME:

....

MEMBRO QUE EU SEMPRE DEFENDO NA INTERNET:

....

MEMBRO COM A VOZ MAIS BONITA:

....

MEMBRO COM O ESTILO MAIS PARECIDO COM O MEU:

....

MEMBRO QUE MAIS ME INFLUENCIA:

....

SUA PLAYLIST ATUAL

Quais são as músicas do Stray Kids que estão *on repeat* atualmente?
Complete a *playlist* abaixo com as favoritas do momento.

LISTA TOP MVS

Liste abaixo quais são os seus *music videos* preferidos do Stray Kids.

1. ______________________________
2. ______________________________
3. ______________________________
4. ______________________________
5. ______________________________
6. ______________________________
7. ______________________________
8. ______________________________
9. ______________________________
10. ______________________________

THIS OR THAT

(VERSÃO STRAY KIDS)

Faça a sua escolha:

Hellevator	X	District 9
God's Menu	X	MANIAC
Youtiful	X	Cover Me
LALALALA	X	Chk Chk Boom
I Like It	X	VENOM
Mirror	X	CASE 143
Walkin On Water	X	Thunderous
The View	X	Levanter
S-Class	X	JJAM
Mixtape: OH	X	Broken Compass
HEYDAY	X	3RACHA
CINEMA	X	ESCAPE
Burnin' Tires	X	Truman
Maknae On Top	X	HALLUCINATION
Double Knot	X	Lonely St.
i hate to admit	X	Railway
VENOM	X	Super Bowl
Streelight	X	ULTRA

CARTA ABERTA PARA O STRAY KIDS

Se você pudesse escrever uma carta para o Stray Kids, o que diria?

Este espaço é seu para se abrir com sinceridade e carinho para aqueles que fizeram — e ainda fazem — diferença na sua vida. Aproveite este momento para agradecer aos membros do grupo por tudo o que representam para você como STAY.

Fale sobre os dias em que a música deles te acolheu, sobre como suas palavras trouxeram força, e como os sorrisos, as histórias e a dedicação de cada um ajudaram a tornar sua vida mais leve. Pode parecer que estão longe, mas a conexão que criaram com você é real e poderosa.

Escreva com o coração. Eles mudaram sua vida — e agora você pode dizer isso em suas próprias palavras.

CRÉDITOS DAS IMAGENS

Capa: Andrew H. Walker/Shutterstock

Primeira guarda: Dave Hogan/Hogan Media/Shutterstock

Segunda guarda: Timothy Hiatt/Shutterstock

Contracapa: Image Press Agency/NurPhoto/Shutterstock

Página 2-3: Daniel DeSlover/ZUMA Press Wire/Shutterstock

Página 8-9: Keizo Mori/UPI/Shutterstock

Página 10: 티비텐 / Wikimedia Commons

Página 12-13: Seokyong Lee/Penta Press/Shutterstock

Página 18-19: Naumova Ekaterina/Shutterstock

Página 55: John Nacion/UPI/Shutterstock

Página 56: 티비텐/ Wikimedia Commons

Página 59: 티비텐/ Wikimedia Commons

Página 60: Dave Hogan/Hogan Media/Shutterstock

Página 63: Mairo Cinquetti/NurPhoto/Shutterstock

Página 64: News in Star/ Wikimedia Commons

Página 67: 티비텐/ Wikimedia Commons

Página 68: Blondet Eliot/ABACA/Shutterstock

Página 71: 티비텐 TV10/ Wikimedia Commons

Página 72 e 75: ipa-agency.net/Shutterstock

Página 76: 티비텐/ Wikimedia Commons

Página 80-81: ipa-agency.net/Shutterstock

Página 83: John Nacion/UPI/Shutterstock

Página 90 e 91: Naumova Ekaterina/Shutterstock

Página 94-95: InnaPoka/Shutterstock

Página 96: Jeremy Smith/imageSPACE/Shutterstock

Página 97: yllyso/Shutterstock

Página 104-105: John Angelillo/UPI/Shutterstock

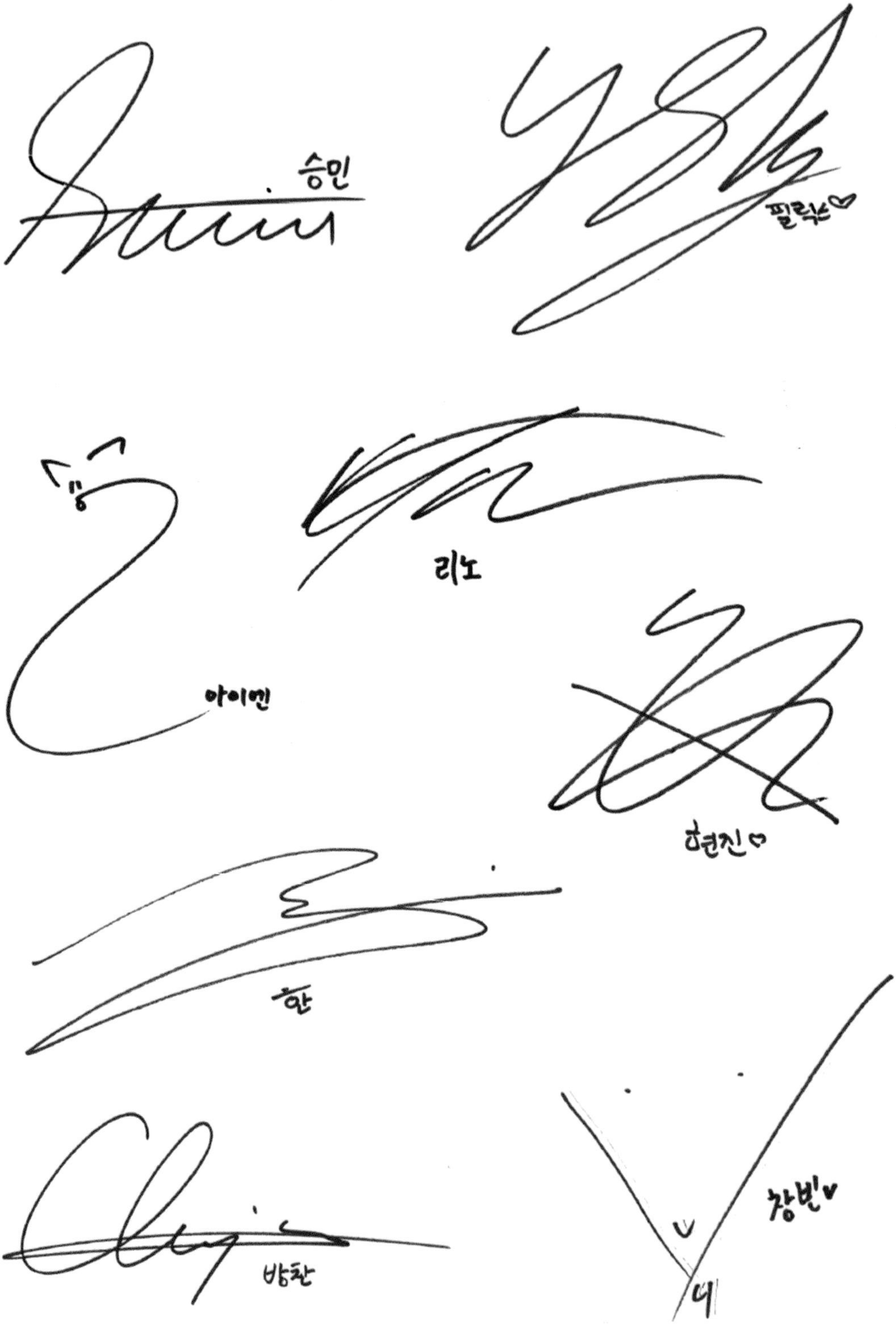
승민
필릭스♡
리노
아이엔
현진♡
한
창빈♥
방찬